M. Sara Schemann

Das getanzte Gebet

M. SARA
SCHEMANN

Das getanzte Gebet

Wege des meditativen, liturgischen
und sakralen Ausdrucks

Mit Fotos von Marc Dietenmeier

Kreuz

Inhalt

O Gott, ich bete dich an.
Du Weisheit, die mich erdacht.
Du Wille, der mich gewollt.
Du Macht, die mich geschaffen,
Du Gnade, die mich erhoben.
Du Stimme, die mich ruft.
Du Wort, das zu mir spricht.
Du Güte, die mich beschenkt.
Du Vorsehung, die mich leitet.
Du Barmherzigkeit, die mir vergibt.
Du Liebe, die mich umfängt.
Du Geist, der mich belebt.
Du Ruhe, die mich erfüllt.
Du Heiligkeit, die mich wandelt,
dass ich nimmer ruhe,
bis ich dich schaue:
O Gott, ich bete dich an.

Der sakrale Tanz

Wege und Zielsetzungen

Liturgischer Tanz, Meditationstanz, Verkündigungstanz – immer mehr hört man davon. Worum geht es? Im Grunde geht es um einen der vielen Wege zu Gott. Die Musik zum Beispiel ist ein Mittel, unsere Seele zu Gott zu erheben. Darum singen wir in den Gottesdiensten so viel und erfreuen uns an Festtagen am Gesang des Chores. Der religiöse Tanz dient dem gleichen Ziel, nur dass wir hier in Mitteleuropa damit noch ganz am Anfang stehen.

Liturgie ist heiliges Handeln, „heiliges Spiel", wie Romano Guardini sagt, ein Dialog zwischen Gott und Mensch. Dieser Dienst, in welchem der Mensch Gott dienen möchte und in welchem letztlich Gott selbst es ist, der dem Menschen dient, ist meines Erachtens das, was wir zutiefst als „schön" bezeichnen. Denn wo Gott dem Menschen begegnet, ihn annimmt und ihm die Erfahrungen immer tiefer und neu werdenden Lebens schenkt, ist Schönheit. Es ist eine Schönheit, die durch ein Aufeinanderbezogensein in der Liebe entsteht, einer Liebe, die aufblühen und sich zweckfrei verschenken kann, ohne zu berechnen.

Wir können das Gleiche in der Schöpfung beobachten. Die Schöpfung befindet sich zu einem großen Teil sozusagen im „Gottesdienstzustand", doch sie tut es unbewusst. Der Mensch ist eingeladen, dies bewusst zu tun, und zwar mit seinem ganzen Sein: mit Leib, Geist und Seele.

Deswegen ist ein wesentlicher Punkt, den wir beachten müssen, wenn wir uns mit religiösem Tanz beschäftigen wollen, der Umgang mit uns selbst und damit eben auch mit unserem Leib, mit dem wir tanzen und beten wollen. Es geht beim religiösen Tanz nicht nur um ein wohliges Schaukeln und Wiegen, bei dem „ich endlich mal im Bauch sein kann, weil ich sonst immer so viel im Kopf bin", noch geht es um einen seelenlosen Drill gegen den Körper oder gar um seine Verneinung, sondern es geht um eine liebende Ehrfurcht gegenüber diesem von Gott geschaffenen und mir geschenkten Tempel, der erfüllt sein soll vom Heiligen Geist, und um eine uns diesem Ziel näherbringende und Freude schenkende Askese. Dazu

gehören zum Beispiel das ständige Bemühen um Spannkraft und Kondition und entsprechende Ruhe und Entspannung, das Entwickeln meines Bewusstseins für meinen Leib, seinen Atem und seine Bewegungen. Ich höre noch heute einen Priester sagen, der uns längere Zeit Meditationskurse gab: „Wie wollt ihr entdecken, wo Gott ist, wenn ihr nicht einmal wisst, wo euer Fuß ist?"
Da Gott in uns wohnt, müssen wir erst einmal uns selbst entdecken und kennen lernen, um darin – o Wunder! – dann Gott zu finden. Da der Tanz ein ganz konkreter Weg dafür sein kann (er vermag sogar unbewusste Inhalte in unser Bewusstsein zu holen), dient er dem Menschen. Durch seine Schönheit preist er den Schöpfer. Deswegen ist der Tanz, so wie er aus Gottes Hand kommt, etwas Heiliges.

Ich beschreibe nun drei Formen des Tanzes mit je unterschiedlichen Zielen. Sie gehen von ihrer Wirkung her ineinander über, doch ist es wichtig, sie zu unterscheiden.

Meditationstanz

Wie der Name schon sagt, geht es hier um einen Tanz, der in die Meditation führen soll. In der Regel werden einfache, sich immer wiederholende Schritte zu einer einfachen Musik – häufig zu Taizé-Gesängen – getanzt, bei welchen sich der Mensch immer mehr sammeln und zur Ruhe finden kann. Eine gute Hilfe ist dabei die Geborgenheit des Kreises, in welchem die meisten dieser Tänze getanzt werden, und die gemeinsame Mitte, auf die man sich ausrichtet: Christus.
Es ist wichtig, dass wir wahrnehmen, wohin uns seine Liebe auch durch den Tanz führen will. Häufig werden eine Unzahl von Meditationstänzen aneinander gereiht und auf diese Weise fast konsumiert. Dann haben wir am Ende viele Schrittfolgen gelernt, ohne auch an der Haltung gearbeitet zu haben, und damit das Gegenteil von dem erreicht, was wir wollen: Es

raucht uns der Kopf, und das Empfinden für die Bewegung des Körpers ist nicht weiterentwickelt worden.

Lassen wir uns doch auf die Wahrnehmung unseres Leibes ein und versuchen wir, ihn ganz mitzunehmen, das heißt: denken wir nicht nur an die Füße und vergessen dabei die Schultern, oder denken wir nicht nur an unsere Arme und vergessen dabei die Beine! Der ganze Mensch soll mit auf den Weg genommen werden. Durch das Sensibilisieren der Selbstwahrnehmung können wir uns mit Hilfe dieser einfach gestalteten Meditationstänze nach innen und in eine wache Stille – das Ziel einer jeglichen Meditation – führen lassen. Dies hilft uns, in eine kontemplative Haltung hineinzufinden, in welcher wir auf den schauen, für den wir getanzt haben. Jede Musik hat einmal ein Ende, jedes Bild hat einmal ein Ende, und so hat auch jeder Tanz einmal ein Ende, damit Gott selbst uns begegnen kann. In ihm wird uns alles auf neue Weise wieder geschenkt, jede Musik, jedes Bild, jeder Tanz. So ist es ratsam, Meditationstanz mit Zeiten des Innehaltens zu verbinden. Auch da kann der Tanz nachklingen. Durch die erlebte Harmonie sind wir in einem geöffneteren Zustand, durch die Bewegung ganzheitlicher bereitet, um Gott mit unserem ganzen Sein zu erspüren und zu erfahren.

Nach einer Zeit der Stille ist es auch möglich, eine Improvisation, einen eigenen freien Tanz einzubauen. Nachdem der Meditationstanz uns von außen nach innen geführt hat, können wir nun in eine Bewegung hineinfinden, in der wir uns ausdrücken und so von innen nach außen gehen.

Liturgischer Tanz

Als Zweites möchte ich den so genannten Liturgischen Tanz nennen. Nicht umsonst heißt er „Liturgischer Tanz“, das heißt, er soll im liturgischen Rahmen stattfinden und unterliegt damit anderen Kriterien. Wir müssen bedenken, dass es hier um ein Geschehen geht, welches die gesamte Gemeinde betrifft. Deswegen ist es auch ganz natürlich, wenn gerade hier die Spannungsfelder am größten sind, denn wir stehen mit den Erfahrungen, die durch den Tanz geschenkt werden können, noch ganz am Anfang. Es ist wichtig, dass wir unsere Ängste und unsere Steifheit wahrnehmen, doch wir brauchen uns auch nichts gewaltsam „überzustülpen“. Wenn uns die Fähigkeit eines afrikanischen Volkes, stundenlang singend und tanzend zu feiern, begeistert und mitreißt, müssen wir doch Acht geben, dass wir nicht von uns und den anderen erwarten, dies imitieren zu müssen. Wir dürfen uns inspirieren lassen und von ihnen noch viel lernen, aber wir dürfen dabei auch unseren eigenen Weg gehen. Ich persönlich bin durch viele Erfahrungen zu der Überzeugung gekommen, dass jedem Menschen ein Tanz innewohnt. Es gibt keinen Menschen, der „nicht tanzen kann“, es gibt nur leider sehr viele Menschen, in denen der Tanz verborgen, verschüttet ist. Häufig bewegen wir uns den ganzen Tag nur auf der funktionalen Ebene und haben dabei das Spielerische verlernt. Deswegen gilt es, diese verschütteten Quellen und die noch nicht entdeckten Möglichkeiten auszugraben.

Eine Möglichkeit ist zum Beispiel der stellvertretende Tanz einer Gruppe. Im Schauen tanzt die Gemeinde innerlich mit, wird mitgenommen zum Beispiel in die Bewegungen zum Altar hin. Um diesem Ziel zu dienen, muss die Gruppe den Tanz gründlich gelernt, geprobt und verinnerlicht haben; das heißt nicht, dass es in erster Linie auf die äußere Perfektion ankommt, doch häufig entstehen auch Widerstände gegen das „Gehüpfe in der Kirche“, weil wir unbedingt ein neues Medium einführen wollen, ohne schon die Mittel dafür zu haben oder auf die Bedingungen zu achten, die zur eigentlichen Quelle führen. Widerstände können natürlich auch

dadurch ausgelöst werden, dass man auf eine bis dahin unterdrückte Seite des Lebens stößt und noch nicht recht weiß, wie man sie einordnen soll. In unserer eher männlich geprägten Kirche ist dies in Bezug auf den Tanz ganz sicher der Fall.
Doch es ist erfreulich und schön zu beobachten, wie die Freude am betenden und lobenden Tanzen in vielen immer mehr aufbricht und die Sehnsucht wächst, darin mehr Erfahrungen zu machen und dazuzulernen.

Eine weitere Möglichkeit des Liturgischen Tanzes ist, die Gemeinde immer wieder zu einfachen Gebärden und schnell erlernbaren Reigentänzen einzuladen, bei denen es in erster Linie um die innere Ausrichtung und das damit verbundene Gebet mit Leib und Seele geht. Dies sollte auf eine freie Weise geschehen, so dass diejenigen, die sich dazu noch nicht entscheiden können, einfach nur mitsingen können. Doch kann die innere Freiheit nur wachsen, wenn wir die nötigen Räume schaffen und uns gegenseitig liebevoll ermutigen. Nur im Tun werden wir die tiefe Wirkung des ganzheitlichen Betens kennen lernen.
Ich mache immer wieder die Erfahrung, dass die Menschen sich leichter auf das Tanzen einlassen können, wenn sie vorher schon schauend den Tanz haben erleben dürfen, und umgekehrt, dass Menschen auf neue Weise zu schauen beginnen, wenn sie schon die Erfahrung mit eigenem Tanzen gemacht haben. Daher ist es gut, in der Liturgie sowohl von einer Gruppe einstudierte Tänze einzubauen, als auch die gesamte Gemeinde zu einfachen Lobgebärden und Reigen einzuladen.
Es gibt einige Kriterien, die zu beachten sich lohnt, wenn wir uns mit dieser Gebetsweise weiter auf den Weg machen wollen. Sie betreffen zum Beispiel die Gestaltung der Räume, in denen wir die Liturgie feiern. Die Räume müssen genügend Platz für die Bewegung bieten. Wenn Verkündigungstanz oder stellvertretender Liturgischer Tanz stattfinden soll, dann müssen die Höhe und die Lage der Tanzfläche so beschaffen sein, dass die Schauenden den ganzen Körper der Tänzer/innen sehen können und nicht etwa nur den Oberkörper. Die Fläche, auf der solch ein predigender Tanz

stattfindet, darf auch nicht zu klein sein oder teilweise hinter dem Altar oder dem Ambo liegen. Nur dann ist es gewährleistet, dass die Schauenden ohne störende Unterbrechung in den Fluss des Tanzes mit einsteigen können, um sich so innerlich bewegen zu lassen.

Wichtig ist auch die Beachtung entsprechender Kleidung. Gerade weil der Tanz eine Sprache ist, die durch das Auge wahrgenommen wird, dürfen wir dem Schauenden in seinem Erleben der Harmonie nicht gleichzeitig Widersprüchliches mitteilen.

Verkündigungstanz

Im Verkündigungstanz geht es darum, Wahrheiten des Glaubens – aus dem Evangelium – durch die Sprache des Tanzes auf neue Weise zu vermitteln. Dies kann innerhalb und außerhalb der Liturgie stattfinden. Wichtig ist, dass sowohl innerlich wie äußerlich der geeignete Raum da ist, damit die Botschaft in den Herzen ankommen kann. Denn manches Mal feiern wir Liturgie unter Zeitdruck oder sind so an die vielen Worte gewöhnt, dass wir die uns geschenkte Ergriffenheit damit gleich wieder erschlagen. Wie sehr wünsche ich mir innerhalb der Liturgie Augenblicke der Stille, in denen das Wort Gottes, eine Musik, ein Tanz in unserem Innern nachklingen können und in denen der Heilige Geist neue Chancen bekommt, in der Tiefe unseres Herzens zu wirken! Und da wir in unserer modernen, mitteleuropäischen Gesellschaft so leicht „im Kopf hängen bleiben", brauchen wir, um die Schönheit dessen auszudrücken, was Gott uns sagen will, ganz neue Sprachen, die uns mit allen Sinnen ansprechen und uns ganzheitlich erfassen. Eine solche Sprache ist der Tanz.

Wenn jemand einen inneren Ruf verspürt, durch die Sprache des Tanzes zu den Menschen zu sprechen, um sie dadurch auch zum Dank, zur Freude, zum Gebet zu führen, dann kann er sich auf den Weg machen, diese Sprache zu erlernen. Er wird dazu jedoch Zeit brauchen. Zunächst kann es wichtig sein, sich für einen bestimmten Tanzstil, eine Tanztechnik zu entscheiden: Modern Dance, Jazz, Ballett usw. Dann braucht es jahrelange Disziplin: regelmäßiges Training, die Schulung der Musikalität, das Entwickeln eines choreografischen Empfindens, des Ausdrucks und anderes. Die Disziplin betrifft jedoch nicht nur die konsequente Arbeit, sondern auch den Umgang mit dem eigenen Tun. Die Tänzerin oder der Tänzer sollten sich von dem durchdringen lassen, für den sie tanzen möchten. Sie sollten selbst auf dem Weg und bereit sein, immer mehr ein durchlässiges Werkzeug für das göttliche Leben zu sein. Wenn das der Fall ist, wird die Verkündigung, die sie für andere ausüben, auch für sie selbst immer wieder ein Weg der Verwandlung und eine Quelle der Freude sein. Und hier schließt sich der Kreis: Der Tanz kann von außen – durch die Leibarbeit, durch bestimmte Schrittfolgen, durch die Musik – nach innen führen; und er kann von innen, von der Quelle her, wieder nach außen zu den Menschen sprechen, sich ihnen auf eine ganz unmittelbare Weise mitteilen. Darin geschieht wieder Gottesbegegnung. So sind Meditationstanz, Liturgischer Tanz und Verkündigungstanz zutiefst miteinander verbunden.

Zum Schluss möchte ich noch auf einen Punkt aufmerksam machen: Wer andere zum Tanzen hinführen möchte, muss selbst anfangen zu tanzen. Dabei ist erst einmal der konsequente Weg des Übens zu gehen, auf welchem jeweils eigene Erfahrungen gemacht werden. Zu oft wollen wir ein paar schnell aufgeschriebene Schritte weitergeben, oder wir meinen, Menschen durch eine neue Methode von Gott begeistern zu können. Doch wer Menschen ins Gebet führen möchte, sollte selbst Erfahrungen mit dem Beten haben, wer andere ein Instrument lehren will, muss es erst selbst beherrschen. Mit dem Tanz ist es das gleiche.
Wer sich auf diesen Weg einlässt, wird sicher reich beschenkt und auch immer mehr ausgerüstet werden, um andere mit auf den Weg zu nehmen, ja, dann vielleicht gar nicht mehr anders können, als andere an die Hand zu nehmen auf diesen Weg!

Das getanzte Gebet

Pfingsthymnus

Der Pfingsthymnus ist ein seit vielen Jahren gebetetes Bittgebet an den Heiligen Geist. Er ist für mich ein Gebet, das um das Leben schlechthin bittet: um die Liebe, um die Freude, um die Heilung von allem, was in uns noch krank und noch nicht in der wahren Ordnung und Harmonie ist.

Um dieses Gebet in den Bewegungen des Tanzes auszudrücken, ist es für mich immer wieder wichtig, mich in die Haltung der Sehnsucht zu begeben, in welcher alles in mir nach dieser Vollendung des Lebens verlangt. Die Offenheit gegenüber einer Realität, die mehr ist als ich es bin und ohne die ich nicht wirklich sein kann, bewirkt, dass Gebärden entstehen, mit denen ich mit dieser Realität in Kontakt trete. Da ich persönlich glaube, dass jeder Mensch die Sehnsucht nach diesem Kontakt in sich trägt, ist es mir auch wichtig – und ich betrachte es als meine Aufgabe –, diesen Kontakt durch den Tanz so auszudrücken, dass er beim Schauenden, wenn er sich darauf einlassen will, auf die Weise geweckt wird, wie es für ihn im jeweiligen Augenblick wesentlich ist.

Komm herab, o Heil'ger Geist,
Komm, du Geist des Lebens.
Komm, du Geist der Freude.
Komm, du Geist der Liebe.

der die finst're Nacht zerreißt,

Komm, der du die Dunkelheit erhellst.
Komm, der du die Erde neu erschaffst.
Komm, der du uns wahrhaft froh und frei machst.

strahle Licht in diese Welt.

Dein Licht ist strahlender als die Sonne, die wir sehen,
und deine Wärme erwärmt auch unsere Seelen.

Komm, der alle Armen liebt.

Komm, der du dich schon zu uns neigst,
wenn Bitterkeit noch unser Herz gefangen hält.
Komm, der du uns wandelst, wenn wir noch so arm sind,
dass keine Liebe uns erreicht.

Komm, der gute Gaben gibt.

Komm, der du die wahren Gaben gibst,
komm, der du die wahre Quelle bist,
komm, der du reich machst ohne Ende.

Komm, der jedes Herz erhellt.
Komm, der du in allen Herzen brennst,
komm, der du durch das Tor der Einsamkeit
den Jubel ohne Ende schenkst.

Höchster Tröster in der Zeit –
Komm, der du uns
in der Trostlosigkeit
unseres armen Lebens
begegnen willst.
Komm, der du stärker bist
als alle Traurigkeit
und uns mit Sanftmut
ganz erfüllst.

Gast, der Herz und Sinn erfreut –
Komm, du Geist der Freude,
besuche mich und mach mich innen hell,
damit mein Antlitz voll von Freude sei,
nach der die Welt sich so sehr sehnt.

köstlich Labsal in der Not.
Komm, du Geist der Liebe,
komm, du Geist des rechten Strebens,
senke ein das heilende Salböl
in die Wunden meines Lebens.

In der Unrast …

… schenkst du Ruh,

Komm, du Geist, wenn ich zerrissen bin,
komm, wenn ich voll Unrast gehe her und hin.
Dann lass du die Melodie deines sanften Wesens mich ergreifen,
auf dass dein Rhythmus mich tragen möge
auf den Wegen meines Alltags, durch die Schritte meiner Zeiten.

hauchst in Hitze Kühlung zu,
Komm, du Geist,
wenn erhitzt ich bin durch Unrast oder Leidenschaft,
dann tilge du, was deinem Leben mich entfremdet,
und schenke mir den frischen Tau,
der meine Seele rein und jung macht und mich sendet.

spendest Trost
in Leid und Tod.
Komm, du Geist
des Lebens,
der du stärker bist
als aller Tod!
Komm, du Geist
der Kraft,
der du stärker bist
als alles Leid!
Komm, du Geist
der Liebe,
der du heilst
und tröstest
in allem
unserm Elend.

Komm, o du glückselig Licht,

Komm du Geist des Lichtes,
komm du lieber Geist, der du glückselig machst
und uns nach der Liebe richtest.

fülle Herz und Angesicht,

Komm, du Geist, der sich verschenkt,

komm, du Geist, der sich ergießt, komm, du Geist, der mich erfüllt.

dring bis auf der Seele Grund.
Komm, du Geist, der keine Schranken kennt,
komm, du Geist, der sich in meine Tiefen einversenkt,
komm, du Geist, der meiner Seele Wurzeln in das Ew'ge lenkt.

Ohne dein lebendig Wehn

Komm, du Geist des Atems, komm, du Geist des Windes,

kann im Menschen nichts bestehn,
kann nichts heil sein noch gesund.
Komm, du Geist, ohne den alles stille steht.

Was befleckt ist,
wasche rein.

Komm, du Geist,
und sieh mich an,
komm, du Geist,
und wasche rein,
was ungut ist
in meinem Innern.

Dürrem gieße Leben ein.

Komm, du Geist,
und sieh mich an,
komm, du Geist, und gieße ein
das, was fehlt und göttlich ist.
Komm, du Geist,
mit deiner Kraft,
schau mich an,
mich, dein Gefäß,
und lass nicht zu,
dass leer ich bleib.

Heile du, wo Krankheit quält.

Komm, du Geist, und sieh mich an,
komm, du Geist, und sieh, was quält,
komm, du Geist, des Heilands Liebe,
komm, du Geist, und mach mich ganz.

Wärme du, was kalt und hart,
Komm, du Geist,
der mich ummantelt,
komm, du Geist,
der mich beschützt,
komm, du Geist,
der mich verwandelt,
komm, du Geist,
der Liebe ist.

löse, was in sich erstarrt.
Komm, du Geist,
der mich befreit,
komm, der du
mein Herz erweichst,
komm, der du
die Fesseln sprengst.

Lenke, was den Weg verfehlt.
Komm, du Geist,
der du uns suchst,
komm, du Geist,
der du uns führst,
komm, du Geist,
der Heimat ist.

Gib dem Volk, das dir vertraut,
Komm, du Geist, auf den wir warten,
komm, du Geist, auf den wir hoffen.
Die Türen unsrer Sehnsucht
stehn dir offen.

das auf deine Hilfe baut,
Komm, du Geist des Himmels,
dessen Kinder hier auf Erden
dich noch suchen,
vergiss uns nicht und komm zu uns,
wenn flehend wir dich rufen.

deine Gaben zum Geleit.
Komm, du Geist, und bring uns deine Gaben,
auf dass in Freud und Schmerz wir wissen,
dass wir dich immer bei uns haben.

Lass es in der Zeit bestehn,
Gib uns Kraft in aller Not, gib uns Mut in unserm Tod,
führ uns heim an deiner Hand.

deines Heils
Vollendung sehn
Schenk uns
die Vollendung hier,
auf dass des Todes
Tor zu dir
und nirgends anders
hin uns führ.

und der Freude Ewigkeit.
Ohne Ende wir dich preisen; singend, tanzend, jubelnd, kreisend.
Nie alleine, nur mit dir und mit unsern Schwestern, Brüdern dankend dir.

Friedensgebet

Dieses Friedensgebet wird dem heiligen Franziskus von Assisi zugeschrieben. Es ist eigentlich erst im Jahr 1918 in Frankreich entstanden. Trotzdem entspricht es ganz dem Geist des heiligen Franziskus. Für ihn waren Friede und Heil, nach der Liebe zu Christus, die höchsten Güter, weswegen er mit seinen Brüdern die Menschen auf den Straßen mit „pace e bene" begrüßte. Das Herz sollte so gestimmt sein, dass es aus dem tiefsten Innern heraus allen Menschen Friede und Heil wünschte.

Einer der Gründe, warum Franziskus die Armut so wichtig war, war der, dass er mit seinen Mitmenschen nicht in unnötige Kämpfe kommen wollte. Er sagte: „Wenn du etwas besitzt, musst du es verteidigen." Er wollte jedoch weder etwas besitzen noch etwas verteidigen. Er wollte lieben.

Um dieses aktive Lieben zu erreichen, muss vieles in uns umgekehrt werden: Zweifel in Vertrauen, Streit in Vergebung, Eigensucht in Hingabe. Für mich persönlich bedeutet es zunächst einmal, immer wieder die Bereitschaft zu haben, die Wahrheit in mir erst einmal ehrlich anzuschauen: Welche Kräfte sind da wirklich am Werk? Gleichzeitig möchte ich mich jedoch auf den Anruf der Liebe einlassen, der Frieden ausbreitet. Im Erleben dieser Gegensätze in mir entsteht ein Prozess des Werdens, ein Prozess der Verwandlung. Die verschiedenen Seins-Zustände, welche meine Seele dabei durchläuft, können sich auch durch Bewegungen im Tanz ausdrücken. Darin kann sich jeder, wenn er unbefangen schaut, wieder erkennen wie in einem Spiegel.

Herr, mach mich zu einem Werkzeug deines Friedens,

dass ich liebe,

wo man hasst,

dass ich verzeihe,

wo man sich beleidigt,

dass, wo Streit ist,

ich verbinde,

dass ich, wo Irrtum ist,

die Wahrheit sage,

dass ich Glauben bringe,

wo der Zweifel droht,

dass, wo Verzweiflung quält,

ich Hoffnung wecke,

dass ich Licht entzünde,

wo Finsternis regiert,

dass ich, wo der Kummer wohnt, – die Freude bringe.

Herr, lass mich trachten, nicht, dass ich getröstet werde, sondern dass ich tröste;

nicht, dass ich
verstanden werde,
sondern dass ich
verstehe;

nicht, dass ich geliebt werde, sondern dass ich liebe.

Denn wer sich hingibt,

der empfängt;

wer sich selbst vergisst,

der findet;

wer verzeiht,
dem wird verziehen;

und wer stirbt,

der erwacht zum ewigen Leben.

Weihnachtshymnus

Der alte Text des Weihnachtshymnus, den wir vor uns haben, ist an vielen Orten, vor allem in Klöstern, ein fester Bestandteil der Liturgie in der Weihnachtszeit.
Leider ist in unserer Kultur Weihnachten so überfrachtet von materiellen Geschenken und hektischen Sorgen, dass das eigentliche Geheimnis, das sich uns in dieser Zeit ganz besonders offenbaren will, innerlich kaum noch wahrgenommen wird.
Für mich erklingen in diesem Hymnus sowohl Dank, Dank durch das Erkennen eines Geschehens, welches sich an uns bereits vollzog, als auch eine Vision, die Vision von der geheilten und jauchzenden Schöpfung, die das, was ihr geschenkt wurde, angenommen hat. Der Hymnus verbindet Vergangenes, Gegenwärtiges und Zukünftiges, die gesamte Menschheit und alle Geschöpfe.

Im Tanz spüre ich in diesem Hymnus die Beziehung des Vaters zu seinem Universum, welches er liebevoll hält und anblickt. Die Bewegungen und Gebärden entspringen dabei aus dem Bewusstsein einer Verbindung zwischen Himmel und Erde, die schon ewig besteht, in die wir aber immer wieder neu hineinfinden können und in der wir uns als ein Teil eines großen Ganzen erfahren.

Christus,
Erlöser aller Welt,
du, Gottes
einzig wahrer Sohn,

geboren
aus des Vaters Schoß,
geheimnisvoll
vor aller Zeit.

Des Vaters Abglanz, Licht vom Licht,
von dir erhoffen wir das Heil.
Erhöre deiner Diener Flehn,
das rings vom Erdkreis zu dir dringt.

Gedenke, dass der Jungfrau Schoß
dich kleidete mit Fleisch und Blut,
in unsre arme Knechtsgestalt
dich, Urgrund unsres ewigen Heils.

Das kündet uns der große Tag,
der wiederkehrt im Jahreskreis,
dass du vom Thron des Vaters kamst
als Heiland, der die Welt erlöst.

Es jauchzen Himmel, Erd und Meer
und alles, was in ihnen ist,
dem Vater zu in frohem Dank,
der dich gesandt zu unserem Heil.

Auch wir,
mit deinem
Blut erkauft,

wir singen dir
ein neues Lied,

voll Freude
ob des
heil'gen Tags,
da du für uns
geboren bist.

Herr Jesus,
dir sei Ruhm
und Preis,
Gott,
den die Jungfrau
uns gebar.

Lob auch dem Vater und dem Geist durch alle Zeit und Ewigkeit. Amen

Mein Leben, mein Tanz, mein Glaube

Barfuß auf heimischer Erde

Erntefest im Norden Portugals! – Meine erste Begegnung mit dem Tanz. Wochenlang waren viele von den Bauern der Umgebung auf den großen Hopfenfeldern tätig gewesen, sitzend, pflückend, sich unterhaltend und – laut und fröhlich singend. Der Gesang der Frauen drang manchmal durch das ganze Tal. Die Sonne brannte heiß auf die Erde und die Menschen, während sie ihrer Tätigkeit nachgingen und dabei immer auch etwas zu lachen hatten. Erde und Himmel schienen miteinander verbunden und im Einklang zu sein.

Nur zu gerne zog auch ich – nachdem ich nach der Schulzeit, die wir immer in der Stadt Lissabon verbrachten, wieder auf dem Land war – wie die Bauern meine Schuhe aus, um barfuß auf der trockenen Erde zu gehen. Mit der Zeit wurde auch meine Haut an den Fußsohlen dick und widerstandsfähig, was ich nicht ganz ohne Stolz beobachtete. Schon immer hatten mich die kleinen Füße der Bauernkinder fasziniert, die auf kleinen Steinchen und manchmal sogar über Dornen liefen, fast, als ob sie Schuhe anhätten, doch ohne den wunderbaren Kontakt mit der Erde zu verlieren. Diese Kinder konnten schnell laufen, überall hochklettern und häufig auch schwere körperliche Arbeit verrichten. Während der Hopfenernte waren auch sie auf den Feldern. So ging auch ich hin und pflückte an den langen Hopfenstauden, bis meine Hände schwarz waren vom Blütenstaub der Hopfenblüten.

Nach etwa drei Wochen waren die Felder abgeerntet. Die hohen und schattigen Korridore, die durch die blatt- und blütenvollen Stauden lange zum Versteck- und Fangenspiel gedient hatten, waren nun dahin, auf die trockenen und leergepflückten Pflanzen schien die pralle Sonne.

Die Bauern feierten jetzt das Ende der Ernte. Eine Gruppe Männer musizierte. Die Melodie eines Akkordeons, von ein paar kleinen Violen und weiteren Instrumenten begleitet, klang durch die kühler werdende Luft des Abends. Die Frauen trugen ihre langen Röcke und schöne bunte Tücher, die um die Schultern und den Rücken gebunden waren.

Ich selbst hatte glücklicherweise auch so einen alten langen Kinder-Bauernrock von meiner Mutter bekommen und um den Oberkörper hatte ich ein schönes rot-weißes Tuch mit langen Fransen gebunden. Die Musik juckte in meinen Füßen. Wir alle tanzten barfuß auf der weichen Erde. Die Gesichter leuchteten vor Freude und Begeisterung. Zwischendurch wechselten die Paare, doch ich konnte nie aufhören. Als es schon spät am Abend war und viele nach Hause gegangen waren, tanzte ich noch immer auf dem kleinen Fleckchen Erde, das uns als Tanzfläche gedient hatte. Die musizierenden Männer schmunzelten über die kleine „Tanzratte". Irgendwann holte uns die Nacht ein und wir mussten den schönen Festtag beenden. Müde und glücklich legte ich mich in mein Bett.

Schwanensee

Ein paar Jahre später: Ich war mit meiner Mutter und meinen Geschwistern in Deutschland, wo wir unsere Tante und unseren Onkel in München besuchten. Meine kulturliebende Mutter, die selbst ein ausgeprägtes schauspielerisches Talent besaß und lange Jahre Theater spielte, nahm mich in eine Schwanensee-Aufführung mit. Als wir im großen Theatersaal saßen und die Musiker im Orchestergraben leise üben hörten, fieberte ich der Tanzvorstellung entgegen. Endlich erloschen die Lichter, und der Vorhang öffnete sich. Auf der Bühne entstand eine Traumwelt. Doch ich beobachtete auch kritisch, welche Tänzerinnen und Tänzer mir besser gefielen und welche weniger. Auch über den Inhalt der Geschichte dachte ich nach. Der Kampf zwischen dem Guten und dem Bösen hatte mich fasziniert, das eine symbolisiert durch den weißen Schwan mit seiner Liebe und Unschuld, das andere durch den schwarzen Schwan mit seiner Hinterlist und Tücke.

Am Ende der Vorführung sagte ich zu meiner Mutter: „So möchte ich auch einmal zu den Menschen sprechen. Der Tanz ist eine schöne Sprache, man kann damit über das Gute und das Böse sprechen und viel erzählen."

Als wir wieder in Portugal waren, kam tatsächlich eine Ballettlehrerin an unsere Schule, und wir Kinder konnten uns zu wöchentlichen Anfängerstunden anmelden. Ich war sehr neugierig auf den Unterricht und gab mir, als wir mit dem Üben begannen, äußerste Mühe. Eines Tages nahm ich meine kleine Schwester zum Zuschauen mit. Nie werde ich es vergessen, wie sie, als wir zu dem qualvollen Üben des Spagats kamen, plötzlich von der niedrigen Sportbank, auf der sie saß, herunterkrabbelte und uns einen perfekten Spagat vormachte. Wir alle staunten, machten große Augen und fragten die Lehrerin, wie das möglich sei. Daraufhin erklärte sie uns, dass sehr kleine Kinder noch ganz weiche Sehnen haben und die Dehnung für sie deswegen nicht schwierig sei. Stolz auf die Reaktionen, die sie verursacht hatte, krabbelte mein kleines Schwesterchen wieder hoch auf die Sportbank und schaute uns zufrieden weiter zu.
Nach längerer Zeit hatten wir unsere erste Vorführung. Die Eltern waren alle da, und wir kämpften mit dem Lampenfieber. Irgendwann kam unsere Ballettklasse dran. Ich sollte durch den hinteren Vorhang hindurchspähen, dann hervorkommen, mit einer kleinen Neigung nach rechts und nach links schauen, die anderen herbeiwinken, dass sie dazukommen und wir zusammen mit unserer Schrittfolge beginnen könnten. Doch leider lief alles ganz anders. Das Tonband versagte, die Musik begann erst mittendrin im Stück, wir konnten gerade noch ein paar pas de chats (seitlich verlaufende Sprünge, übersetzt „Katzenschritt") machen und der Vorhang fiel – es war alles vorbei. Ich war todtraurig. Bei der Heimfahrt weinte ich im Auto, während meine Eltern versuchten, mich zu trösten. So machte ich schon zu Beginn in Bezug auf den Tanz eine Erfahrung des Loslassens.

Frau Vernici

Wieder ein paar Jahre später: Wir waren mittlerweile nach Deutschland, und zwar nach Schleswig-Holstein umgezogen. Abgesehen von den dunklen Tagen im Winter, an denen es sozusagen keine Sonne zu geben schien, fiel mir die Umstellung leicht. Ich fasste schnell Fuß in der neuen Klasse, und der Unterricht war im Vergleich zum Unterricht an der Deutschen Schule Lissabon nicht schwer.

Mit der Hilfe meiner Mutter suchte ich eine Ballettschule auf. Die Lehrerin nahm mich sehr liebevoll auf, und ich lernte bei ihr ein bis zwei Jahre. Dann empfahl sie mir, an eine andere Schule zu gehen, wenn ich weiterkommen und den Beruf einer Tänzerin ergreifen wolle. Für diese Offenheit und Großherzigkeit bin ich ihr immer dankbar geblieben. Sie gab mir noch ein paar Stunden Privatunterricht und dann fuhr ich mit meinen zwölf Jahren zweimal in der Woche von Kiel nach Hamburg. Damals unterrichtete dort am Theater Frau Vernici. Sie war eine warmherzige und lebensfrohe Person. In ihrem Unterricht waren viele Mädchen, die um einiges älter waren als ich. Sie tanzten bereits mit Spitzenschuhen und waren auch sonst weiter als ich. Doch ich versuchte mein Bestes und begann auch zu Hause Übungen zu machen. Wenn ich dann übte, geschah es auch mal, dass ich eine Musik auflegte und dabei freudig durch die Wohnung sprang. Dann sagte ich: „Ich will für Gott tanzen!"

Unsere Familie war nicht besonders kirchennah. Doch es hat bei uns immer eine Offenheit gegeben gegenüber Gesprächen, die existentielle Themen betrafen. Und bei meiner Mutter erlebte ich eine tiefe Kraft, die ihr auch in leidvollen Situationen Geduld und Liebe zu schenken schien. So hatte auch ich meine Art und Weise des Glaubens und Betens. Wenn ich draußen in der Natur war, legte ich manchmal Gott die Welt ans Herz und fühlte darin Weite und Hoffnung. Und der Gedanke, für Gott zu tanzen, schien mir etwas ganz Natürliches zu sein.

John Cranko-Schule in Stuttgart

Leider verließ einige Zeit später Frau Vernici das Hamburger Theater, und wieder einige Zeit später machte ich die Aufnahmeprüfung an der John Cranko-Schule in Stuttgart. Da ich sie bestand und meine Eltern sowieso vorhatten, von Kiel wegzuziehen, entschieden sie sich, nach Stuttgart zu gehen, wofür ich ihnen sehr dankbar war.

Nun begann eine Zeit, die gefüllt war mit hartem, täglichem Training. Die Schule und die Ballettausbildung nahmen meine gesamten Kräfte in Anspruch. Auch jetzt hatte ich viel aufzuholen, und ich brauchte etwa ein Jahr, um den Stand der Klasse zu erreichen. Da es ständig Zwischenprüfungen gab, lebten wir Schülerinnen unter einem hohen Leistungsdruck. Ich arbeitete sehr fleißig und hatte das Glück, einen Körper geschenkt bekommen zu haben, der für das Ballett sehr geeignet war. Auch liebte ich die Musik, die im Tanz unser ständiger Begleiter war. All dies ließ mich viele Fortschritte machen, was meine Freude am Tanzen, an der Harmonie der Bewegungen und an den durch den Körper in den Raum gezeichneten Linien steigerte. In den Träumen der Nacht vollbrachte ich manchmal Unmögliches: Ich blieb lange Zeit auf einer Fußspitze stehen, während ich langsam drehte; oder ich schwebte nach einem Sprung langsam im Zeitlupentempo durch den Raum.

Trotz aller Liebe zum Ballett war es mir wichtig, das Abitur zu machen. Schon immer hatten mir das Lernen und Lesen Spaß gemacht und ich befürchtete, durch ein Abbrechen der Schule nach der zehnten Klasse zu einseitig zu werden. Es war jedoch üblich, ab diesem Zeitpunkt in die Ballettakademie zu gehen, um möglichst früh Tänzerin oder Tänzer zu sein und auf der Bühne zu stehen. So entschied ich mich, in dieser Zeit neben der Schule so zu trainieren, dass ich den Anschluss zu meiner Akademieklasse hielt. Glücklicherweise bekam ich auch die Erlaubnis, soweit es mir möglich war, dort mitzutrainieren. Nach dem Abitur jedoch widmete ich mich ganz dem Tanz. Dies war eine schöne Zeit, vor allem auch deswegen, weil unsere nicht sehr große Akademieklasse täglich viel Zeit miteinander verbrachte. Training, Pausen, gemeinsames Essen in der Kantine, Proben von Variationen, Pas de deux-Stunden, theoretische Fächer der Tanzgeschichte, Tanzschrift, Tanztheorie und vieles andere ließen uns immer mehr zusammenwachsen. Ich werde es nie vergessen, wie es eines Tages in Strömen regnete und wir gemeinsam auf die verrückte Idee kamen, uns jeder mit einer Jogging-Hose und einem T-Shirt zu bekleiden, um dann tanzend durch die Straßen zu ziehen. Dies haben wir dann auch wirklich getan, und wir lachten und freuten uns, während unsere Füße durch das viele Wasser wateten oder uns zum Springen brachten. Nachher gab es eine warme Dusche und etwas zum Essen.

Nach einem Jahr und ein paar Monaten kam für uns der „Ernst des Lebens“: Es ging nun darum, in der Endphase der harten Ausbildung irgendwo an einem Theater in einer Ballettkompanie eine Anstellung zu bekommen. Dafür muss man an mehreren Orten vortanzen. Gleich zu Beginn dieser Phase schaute Marcia Haydée bei einem Training mit vorbereiteten Schritt-Variationen zu. Es hatte geheißen, dass die Stuttgarter Kompanie unter Umständen einen Tänzer, aber keine Tänzerin brauche. Während des Tanzens spürte ich ihren Blick häufig auf mir. Später erfuhr ich, dass sie mich trotz der vollen Besetzung der Kompanie aufnehmen wollte. Ich jubelte vor Freude. Ein großes Ziel war erreicht, und ich brauchte das letzte halbe Jahr nun nicht von Theater zu Theater zu reisen, um mich in überfüllten Ballettsälen vorzustellen, sondern ich hatte die Chance, weiter an meiner Technik zu arbeiten und mich auf die Zeit in der Kompanie vorzubereiten.

Doch gerade auf diesem Höhepunkt meines Lebens erlebte unsere Familie einen tiefen und schmerzhaften Einbruch. Es stellte sich heraus, dass meine Mutter unheilbar an Krebs erkrankt war.

Meine Mutter stirbt

Bis heute bewundere ich ihren Mut ab der ersten Stunde ihres Wissens über ihr eigenes Schicksal. An dem Tag, an dem sie vom Krankenhaus mit dieser Nachricht zu uns kam, saßen wir weinend um den Tisch. Etwas später am Nachmittag hatte ich eine Probe am Theater und wollte sie absagen, um in dieser schweren Stunde bei ihr zu bleiben. Sie jedoch sagte: „Nein, geh zur Probe. Ich will nicht, dass der Tod beginnt, euer Leben zu bestimmen, ihr sollt euer Leben leben."

Trotzdem begann da eine ungeheuer schwierige Zeit für uns alle. Ich selbst hatte bis dahin meine ganzen jugendlichen Kräfte zielstrebig in den Tanz investiert. Nun fühlte ich eine neue Auseinandersetzung mit dem Leben in mir aufbrechen. Was war letztlich wirklich mein Ziel? Eine gute Tänzerin zu sein? Ich spürte, dass es ein Ziel geben muss, welches über den Tod hinausragt. – Gott? Ich suchte ihn überall, in spirituellen Büchern über den Buddhismus, über den Hinduismus, in anthroposophischen Büchern und vor allem in der Meditation. Eines Tages begegnete ich den Schriften einer Heiligen, die mich längere Zeit begleiten sollte: Teresa von Avila. Ich vertiefte mich so gut ich es konnte in ihre Bücher, und eines Tages machte ich bei einer Meditation eine einschlägige Erfahrung: Es war das ganz tiefe Empfinden, dass nicht nur ich dabei war, Gott zu suchen, sondern dass er dabei war, mich zu suchen. Ich spürte das Gegenwärtigsein eines personalen Gegenübers. Da meinte ich, das Geheimnis der Gnade zu erahnen: die von Gott durch seinen Sohn bereits vollzogene Hingabe an uns Menschen, durch die wir uns das Erlöst- und Gefundensein schenken lassen können. Nicht nur die eigene Aktivität und das eigene Suchen schienen mir nun ausschlaggebend zu sein, sondern das Empfinden, dass Gott selbst mich in seiner Hand bergen will. Gleichzeitig fühlte ich mich in dieser Erfahrung ungeheuer geliebt. Ich muss angefangen haben, sehr glücklich auszusehen, da mich eines Tages eine Tänzerin fragte: „Are you in love?" Ich sagte nur „No, no" und gab mein Geheimnis nicht preis.

Die Meditation nahm immer mehr Raum in meinem Leben ein. Da meine Mutter irgendwann ins Krankenhaus musste und dieses im Zentrum Stuttgarts war, wo ich inzwischen lebte, saß ich häufig stundenlang an ihrem Bett und hielt ihre Hand. Mittlerweile war ich bereits in der Ballettkompanie und hatte mich in den Proben mit den neuen Stücken auseinander zu setzen. Oft fehlte mir die Kraft und die Konzentration. Sowohl der hohe Einsatz in der Familie wie die ständige Begegnung mit dem Leiden und die Tatsache, dass sich mein Leben um einen neuen Schwerpunkt ordnen zu wollen schien, bewirkten, dass mir neue Werte wichtiger wurden. Manchmal schien sich in mir sogar das Empfinden für Schönheit zu verwandeln: Waren bis dahin Ebenmaß, gut proportionierte Linien, schöne Kostüme und weiteres sehr wichtig gewesen, so erlebte ich jetzt so etwas wie die Schönheit des Mutes, die Hingabe auch im Schmerz und etwas nicht Vergängliches im Angesicht des Todes am Beispiel meiner Mutter. Dieses lebte sie, ohne viel von Gott oder der Kirche zu reden, es war einfach ein stiller Kampf, bei welchem sie nie die Augen für die anderen verlor.
Es kam eine Zeit, in der sie wieder zu Hause leben konnte. Mein Bruder, der heute Pianist ist, wollte ihr eines Tages auf einem Flügel in einem Altenheim mehrere Musikstücke vorspielen. Als ich sie abholen wollte, stand ich draußen wartend auf der Treppe an einem Fenster und schaute nachsinnend hinaus. Plötzlich vernahm ich leise eine Stimme in mir: „Gib deinen Beruf auf." Ich stutzte. Das konnte doch nicht sein, mein Beruf war doch das, wofür ich am meisten Opfer gebracht hatte; er war das, was mir das Kostbarste war. Doch die leise Stimme wiederholte sich. Ich hielt einfach ein paar Augenblicke inne und nach einer Weile sagte ich: „Jesus, wenn du es bist, der das zu mir sagt, will ich es tun. Ich versteh' das nicht, ich finde das verrückt, aber wenn es von dir kommt, tue ich das für dich." Und in den nächsten Sekunden floss durch mich ein Glück, und es war ein Licht in mir, dass ich mich bis in den Körper hinein ganz leicht fühlte und kaum zu bewegen wagte. Es schien die Antwort auf meine Worte zu sein und ich spürte die Gewissheit in mir, dass dies etwas mit *der* Wahr-

heit zu tun hatte, ein Weg, den ich nicht einfach einschlagen und dann wieder von ihm abbiegen konnte.
Trotzdem fühlte ich mich am nächsten Tag unfähig, irgendetwas Konkretes zu unternehmen. Doch gerade an diesem Tag holte mich Marcia zu sich. Es kam mir vor wie eine Fügung von oben. Sie hatte erfahren, dass meine Mutter sehr krank war, und gesehen, dass es mir nicht besonders gut ging. Ich war unfähig, viel zu sagen, und meinte nur: „Ich weiß, dass ich mit dem Ballett aufhören muss." Sie war sehr überrascht und fragte, ob das mein Ernst sei. Meine Entscheidung stand fest. Einige Wochen später unterschrieb ich meine Kündigung.

Das darauf folgende halbe Jahr war nun mit noch mehr Schmerz verbunden. Ich hatte mich an das Leben im Ballettsaal gewöhnt. Das gemeinsame Proben und Trainieren schufen eine Atmosphäre, die uns zusammenwachsen ließ. In intensiven Stunden konnte man die Einheit mit der Musik, die Einheit mit dem eigenen Körper und die Einheit mit der Gruppe erfahren. Parallel dazu jedoch spürte ich, dass es mich danach drängte, Themen, welche mich nun zunehmend beschäftigten, in Tanz umzusetzen. Der Aufwand und die Kraft, die wir in das Erarbeiten der Technik und einiger Stücke investierten, schienen mir nicht mehr in einem angemessenen Verhältnis zu dem zu stehen, was ich für mein Leben wollte. So fiel mir die Auseinandersetzung mit dem Abschiednehmen auf der einen Seite schwer, und auf der anderen Seite schien sie Neues als Verheißung in sich zu bergen.
Noch bevor diese Zeit vergangen war, musste meine Mutter wieder ins Krankenhaus. Es ging ihr nun zunehmend schlechter. Während der letzten Wochen ihres Lebens war ständig jemand von uns bei ihr. Dies war ihr einziger Wunsch: dieses Leben in unserer Anwesenheit verlassen zu können. Sie spürte es, als das Ende nahen sollte, und wir standen alle um ihr Krankenbett. Nachdem sie einiges, was ihr wichtig war, zu uns gesagt hatte, schien sie etwas im Raum zu sehen, was ihre Aufmerksamkeit völlig in Anspruch nahm; sie war hellwach, ihre Augen bewegten sich, doch sie war

nicht mehr bei uns. In meinen Armen ließ sie dann plötzlich den Kopf fallen.
Der Schmerz war tief. Im Schmerz jedoch spürte ich auch Licht. Es war für mich so sicher: Sie lebt nun im Himmel.

Eintritt in den Orden der Franziskanerinnen

Im Tanz suchte ich zunehmend eine Verbindung nach oben. Auch das einfache Üben wurde für mich manchmal zu einem Gebet. Die vier Richtungen, in denen das klassische Ballett seine „exercises" gestaltet, wurden für mich zu einem Sinnbild des Kreuzes, in welchem ich mich bewegte. Außerhalb von Trainings- und Probestunden begann ich zu improvisieren. Manchmal schloss ich die Augen und spürte ganz einfachen Gebärden nach. Innerlich wurde ich dabei weit, sodass ich auch mal in der einen oder anderen Gebärde verharrte.
Auch beschäftigte ich mich damit, wie mein Leben weiterzugehen hatte. Ich nahm wahr, dass die Zeit und der Raum für das Gebet mir immer wichtiger wurden. Durch die Begegnung mit Teresa von Avila bewegten mich manchmal auch Gedanken über ein Leben im Kloster. Bis dahin hatte ich keines kennen gelernt, außer einer Niederlassung der Gemeinschaft der Seligpreisungen in Südfrankreich in der Nähe des Wohnortes von Freunden, bei denen wir als Kinder immer wieder vorbeigefahren waren, wenn wir im Urlaub nach Portugal reisten. Nun kam wieder der Sommer auf uns zu. Ich erfuhr vom Edith Stein-Karmel in Tübingen und entschied mich, für zwei Wochen dort mitzuleben. Ich fühlte mich in dieser Zeit wie in einer Oase. Die Zeiten des Schweigens, die geistlichen Gespräche mit den Schwestern, das Lesen der mystischen Texte des Johannes vom Kreuz – all dies tat mir unendlich gut. Doch trotz allem spürte ich, dass meine Berufung nicht karmelitischer Art war. Durch eine Freundin hörte ich von den Franziskanerinnen von Sießen. Ich machte mich auf den Weg, um ein paar Wochen bei den Schwestern dieser Ge-

meinschaft zu verbringen, und landete in einer ziemlich großen Jugendgruppe, die im so genannten Forsthaus gerade „Kloster auf Zeit“ machte. Es ging mir nun genau umgekehrt wie im Karmel: das Gefühl, in einer Oase zu sein, war weg, doch die franziskanische Spiritualität empfand ich als diejenige, die mir ins Herz geschrieben war: Gott auch durch die Schöpfung zu loben wie der heilige Franziskus, sich von der Quelle beschenken und umformen zu lassen, um dann jeweils neu zu den Menschen zu gehen, das schien meinem inneren Anliegen zu entsprechen. Auch hatte ich das Empfinden, dass der Tanz, den ich zunehmend auch als eine ganzheitliche Form des Betens erfuhr, in dieser Spiritualität am meisten Raum fand. Hatte nicht auch Franziskus seinen Gott immer mit allen Sinnen und oft durch ganz konkrete Handlungen erfahren wollen? Sagte man nicht von ihm, dass, wenn er von Gott erfüllt zu den Menschen sprach, sich so viel bewegte, dass es schien, dass er tanze?

Um jedoch nicht zu schnell eine Entscheidung zu treffen, zog ich für ein Vierteljahr nach Tübingen. Dort konnte ich täglich im Karmel die Messe besuchen. Es machte mir auch Spaß, an die Universität zu gehen und Vorlesungen über theologische Themen anzuhören. Dabei lernte ich viele neue Menschen kennen. Ganz wichtig war in dieser Zeit, dass ich im Zentrum Tübingens Zugang zu einem etwas kleineren Ballettsaal hatte, da ich dort auch unterrichtete. So konnte ich auch alleine und ungestört immer wieder üben, improvisieren und den Tanz ganz neu entdecken.

Ich machte die Erfahrung, dass meine Mitte der Ursprung all jener Bewegungen war, die ich als echt empfand. Ich spürte, wie jede Emotion, die sich im Körper ausdrückte, sich aus der Mitte heraus auf alle Glieder hin ausbreitete. Daraus entstanden ganz neue Bewegungen, in die ich Empfindungen meiner Seele hineinlegen konnte. Auf diese Weise begann ich, manchmal mit mir selbst oder mit Gott zu sprechen.

Mit der Zeit wuchs in mir der Wunsch, zu choreografieren. Ich suchte nach Musik und begann mit kleineren Stücken. Es war mir wichtig, die Bewegung aus der Improvisation heraus zu finden. Doch während des improvisierenden Tanzens war ich so bei mir und fühlte mich oft so ver-

bunden mit Gott und auch mit den Menschen, dass es mir ungeheuer schwer fiel, die Bewegungen einzufangen. Sie flossen sozusagen vorbei. Es blieb mir nichts anderes übrig, als diesen Prozess oft und oft zu wiederholen. Aus dem gesammelten Bewegungsmaterial musste ich eine klare Struktur für die Bewegungskomposition finden. Immer wenn ich ein Stück weiterkam, freute ich mich.

Nachdem ich etwa drei Monate in Tübingen verbracht hatte, war ich wieder in Sießen. Dort traf ich die Entscheidung, Franziskanerin zu werden. Um mich in die Gemeinschaft einzuleben, ging ich nach Rottenburg zu den Schwestern, die dort an der Schule arbeiten. Nach einem weiteren halben Jahr begann ich mein Noviziat in Sießen. Manchmal, wenn wir in unseren gemeinsamen Gottesdiensten sangen, spürte ich in mir den starken Impuls zu tanzen, und eines Tages beschloss ich, diesem Impuls zu folgen. Mit klopfendem Herzen zog ich in meiner Bank die Schuhe aus. Dann lief ich durch den Gang und begann vor dem Altar zu tanzen. Ich hatte ein ungeheuer starkes Gefühl von Anbetung in meinem Herzen und meinem ganzen Sein. Am Ende machte ich eine Verneigung in Richtung des Altars und ging wieder zurück auf meinen Platz.
Die Reaktionen waren sehr verschieden. Einige freuten sich: „Ist das toll, dass so etwas bei uns möglich ist!“ Andere waren schockiert. Ich musste lernen, dass das, was für mich so selbstverständlich war, in vielen starke Widerstände hervorrief. Dadurch geriet ich in Konflikt zwischen dem Tanz, der für mich ein Teil meines Gebetslebens geworden war, und dem Ordensleben im Kloster. Die Erfahrungen der Ganzheit im Tanz und die Zeit, die ich dafür aufwenden konnte, wurden seltener. So waren die ersten Jahre wesentlich schwerer als ich es erwartet hatte. Meine Liebe zum Tanz jedoch blieb. Für die hin und wieder stattfindenden Jugendfeste wurde Tanz ein fester Bestandteil. Ich choreografierte für diese Feste Pantomimenstücke und einfache Reigentänze, die wir dann gemeinsam einprobten. Ich trug den Wunsch in mir, die choreografierten Stücke auch für die Menschen draußen tanzen zu können, war jedoch alleine mit die-

sem Wunsch, und es blieb mir nichts anderes übrig, als Geduld zu haben. Die Jahre vergingen.

Tanz als Verkündigung

Mit der Zeit kamen immer mehr Anfragen von außen. Man hatte erfahren, dass ich Gebete und Teile des Evangeliums im Tanz ausdrücke. Interessierte Gemeinden wandten sich an den Orden und äußerten den Wunsch, dass ich in ihren Gemeinden auftreten soll. Der Orden erteilte mir dazu die Erlaubnis.

Für die Menschen tanzen zu können, war für mich ein großes Glück. Je mehr ich in meinen Auftrag, den ich als „Auftrag der Verkündigung" verstand, hineinwuchs, um so mehr wuchs auch das Verständnis der Ordensgemeinschaft für diese Art der Verkündigung. Einige der Schwestern ließen sich sogar von meiner Begeisterung mitreißen. Mein Traum war die Entstehung einer franziskanischen Verkündigung. So wie Franziskus seine Brüder zu zweit in die Welt gesandt hatte, so träumte ich von einem kleinen Zweier- oder Dreierteam, in welchem verschiedene Gaben zusammenkommen, um sie in der Verkündigung einzusetzen. Leider wurde dies nicht möglich.

Dadurch, dass ich meine Arbeit alleine tat und meine Aufgabe häufig einen anderen Lebensrhythmus erforderte, bewegte sich mein Leben teilweise aus der Gemeinschaft hinaus. Dies ging mit der Zeit an den Rand meiner Kräfte. Doch es blieb mir nichts anderes übrig, als zu versuchen, das Spannungsfeld zwischen meiner Aufgabe und den bestehenden Strukturen auszuhalten.

Nach sehr, sehr langem innerem Fragen und vielen Dialogen mit der Ordensleitung wurde mir immer klarer, dass ich ein franziskanisches Leben auf eine andere Weise leben musste als in einem Orden. Dies war ein schmerzhaftes Erkennen. Ich hatte das Gefühl, so viel investiert zu

haben und nun meinem Leben doch eine andere Richtung geben zu müssen. Mit Freundinnen, die mit mir bereits auf meinen Einsätzen unterwegs gewesen waren und manchmal auch mitgetanzt hatten, tauschte ich mich über mein Leben aus. Es erwuchs daraus die Idee, nach Heiligkreuztal zu gehen. Dort lebe ich heute. Dies ist ein Ort, an den ich mich immer wieder zurückziehe und durch das geistliche Zentrum auch auf der spirituellen Ebene Anschluss habe. Gleichzeitig bleibt mir genügend Raum, um meinen Aufgaben nachzugehen.
Während dieser nicht leichten Phase der Umstellung und der Eingewöhnung in ein neues Leben haben mir viele liebe Menschen geholfen. Ihnen bin ich von Herzen dankbar, und einige davon sind mir wichtige Freunde geworden.

Herr, du bist groß und hoch zu loben.
Groß ist deine Macht, deine Weisheit ohne Ende.
Wir wollen dich loben aus fröhlichem Herzen,
denn du hast uns auf dich hin geschaffen.

Augustin

Das Einüben von Tanz

Elemente und Ansätze zum Erlernen

Sich ergänzende Elemente im Erlernen und Einüben von Tanz sind: Leibübungen, die Aneignung choreografierter Tänze mit ihren verschiedenen Schrittfolgen, Improvisation, Schulung des Empfindens für den Ausdruck des Körpers, Kreativität und Gestaltung. Diese Elemente sollten nie isoliert voneinander betrachtet werden, da der Erfolg beim Umgang mit der Sprache „Tanz“ dann am größten ist, wenn diese Elemente einander ergänzen.

Da wir heute so viel vom „Sakralen Tanz“ sprechen, sei an dieser Stelle erwähnt, dass wir bei unserer Arbeit daran nicht um die Frage nach unserem Menschen- und nach dem Gottesbild herumkommen. Häufig nennen wir etwas sehr schnell „Sakraler Tanz“, was uns irgendwie gut zu tun scheint: ein paar Volkstänze aus alten Zeiten, ein paar Schritte im Kreis oder Ähnliches. Bis zu einem gewissen Grad ist dies natürlich legitim, denn in allem ist Gott am Werk. Doch es stellt sich die Frage, inwieweit dann nicht jeder Tanz auch ein sakraler Tanz ist.

Sakrale Kunst – die Baukunst, die Literatur, die Musik, die Malerei und die Bildhauerei – hat durch die Jahrhunderte hindurch immer die Aufgabe gehabt, den Menschen an Gott zu erinnern, es ihm leichter zu machen, seine Seele zu seinem göttlichen Ursprung zu erheben, um von dort wieder Kräfte geschenkt zu bekommen, mit denen er neu und erneuert in den Alltag seines Lebens zurückkehren kann. Sakrale Kunst steht immer im Dienst der tiefsten Beziehung, die der Mensch haben kann: im Dienst seiner Beziehung zu Gott.

So soll auch der Sakrale Tanz dem Menschen dazu verhelfen, mit seinem ganzen Sein mit Gott in Verbindung zu treten. Für eine Person, die Tanz lehrt, bedeutet dies, dass eine große Ehrfurcht vor jeder Schülerin, jedem Schüler in ihr lebendig sein sollte. Ermutigung, Geduld und Hingabe sind beim Prozess des Lehrens unabdingbar. Sie sollte ihre Schüler behandeln wie ein Gärtner seine Pflanzen, welche er liebevoll begießt. Gleichzeitig ist es manchmal notwendig, die richtige Richtung zu zeigen, damit die

Pflanze nach oben wachsen kann. Dies kann auch unbequem sein, aber die Erfahrung des Fortschritts macht vieles leichter. Außerdem sollte spürbar sein, dass in jedem ein Gotteskind gesehen wird, welches sich tanzend und betend auf das Leben hinbewegen will, und dass es nicht in erster Linie auf äußere Resultate ankommt.

Für Menschen, die tanzen lernen wollen, bedeutet dies, dass sie eine Bereitschaft mitbringen sollten, sich zu öffnen und sich auf einen neuen Weg einzulassen. Auf der einen Seite sehnen wir uns oft danach, als ganze Menschen ernst genommen zu werden und uns mit unserem ganzen Sein auf den Weg machen zu können. Andererseits vergessen wir manchmal, dass jeder Weg auch Steine hat. Tanzen lernen zu wollen, ohne auch am eigenen Leib zu arbeiten, ist ein Widerspruch in sich. Leider wird dies jedoch im Bereich des Sakralen Tanzes allzu häufig praktiziert.

Gleichzeitig kann der Tanz, da er uns öffnet und zur eigenen Mitte führt, auch innere Blockaden bewusst werden lassen. Es bleibt die Entscheidung, ob man sich ihnen stellen oder ausweichen will. Wenn wir unseren Weg zu Gott ernstnehmen, bleibt uns nichts anderes übrig, als uns zu stellen. Ausweichen und immer nur ein „gutes Gefühl" suchen, hat nichts mit Sakralem Tanz zu tun.

Das heißt nicht, dass Freude und Erfahrungen von Harmonie und Leichtigkeit unwesentlich wären. Sie sind wichtig, und auch sie tragen verwandelnde Kraft in sich. Immer wieder erfahre ich, wie Menschen zu mir kommen und sagen: „Jetzt habe ich so viel in mir aufgenommen, dass ich das Gefühl habe, auch wieder ganz viel geben zu können." Oder eine Mutter sagte einmal: „Immer, wenn ich von unserem Kurs ‚Sakraler Tanz' nach Hause komme, kommen meine Kinder anders auf mich zu, weil sie spüren, dass ich anders da bin." Solche Rückmeldungen erfreuen mich zutiefst. Sie zeigen uns, dass wir gemeinsam in der Nähe desjenigen gewesen sind, der uns eine Quelle sein will.

Leibübungen

Nun soll näher auf die einzelnen Elemente eingegangen werden, die mir in meinen Kursen wichtig geworden sind: Am Anfang stehen die *Leibübungen*. Bevor wir mit irgendeiner Übung oder Bewegung beginnen, ist es wichtig, seinen Körper erst einmal wahrzunehmen. Immer, auch wenn wir einfach so im Raum stehen, ist schon Bewegung in ihm. Am spürbarsten ist die Bewegung des Atems. Aus ihm heraus sollte jede Bewegung strömen, aus der eigenen Mitte in den Raum hinein. Aus dem Atem und der Mitte heraus können wir die Arme heben, zu einer großen Schale oder zu einem Kreuz werden lassen oder uns in eine sich leicht öffnende Bewegung hineinbegeben. Dabei ist es wichtig, dass wir wahrnehmen, dass wir mit unseren Füßen auf der Erde stehen, welche uns Halt und den nötigen Widerstand gibt. Immer, auch wenn wir gehen oder sogar springen, ist es die Erde, die uns ermöglicht, uns nach vorne oder nach oben zu bewegen. Im Stehen erspüren wir dies am besten, wenn wir unser Gewicht gleichmäßig auf die gesamten Fußsohlen verteilen und uns in der Erde verwurzeln. Indem wir so stehen, spüren wir, wenn wir unser Gewicht gut in der Mitte einpendeln, unseren Schwerpunkt, der etwa in unserer Leibesmitte liegt. Vom Boden aus nach oben, durch unsere Mitte, durch unseren Rücken, unseren Hals und unseren Hinterkopf hindurch ragt unsere Körperachse lang und senkrecht in den Himmel hinein: So wie ich mich nach unten verwurzeln kann, so kann ich mich langstrecken und in den Himmel hineinwachsen. Während ich diesen beiden Richtungen nachspüre, lasse ich meinen Atem weiterfließen. Nun kann ich meinen Schwerpunkt verlagern; damit verlagert sich meine gesamte Körperachse. Selbst, wenn ich nur einen Fuß von der Erde lösen will, um einen Schritt nach vorne zu gehen, muss ich meine Mitte verlagern, wenn ich nicht umkippen will. Es ist gut, dieses Empfinden für die sich bewegende Mitte zu stärken, da sie es ist, aus der heraus ich tanzen und mich frei bewegen kann. Wenn ich nun mit diesem Bewusstsein einfach nur einen Schritt vorgehe, dann verlagere ich meine Mitte um den Abstand eines Schrittes in meine neue Achse hinein. Dabei nehme ich neues Land ein, ein neues Stückchen Erde gibt mir Halt, lässt zu, dass ich mich verwurzele. Durch solch ein bewusstes Gehen kann das Schreiten entstehen.

Je besser ich mit der Erde im Kontakt bin, um so leichter kann ich nach oben wachsen und mit dem Himmel in Berührung sein. Das eine bedingt das andere. Wie in diesem kleinen Beispiel ist das Tanzen in vielem ein Gleichnis für das Leben. So können wir Erfahrungen machen, die wir in den Alltag mitnehmen können, die uns im besten Fall sogar helfen können, innerlich tanzend unser Leben zu leben.

Es gibt Tänze, bei denen wir eingeladen sind, zu springen. In uns steckt zutiefst das Bedürfnis, hin und wieder einfach auch mal in die Luft zu springen. Leider unterdrücken wir solche Bedürfnisse in unserer Kultur meistens. Dabei drücken sie den Wunsch aus, uns auch mal von der Erde, vom Boden zu erheben. Doch auch hier: Je tiefer wir vorher in den Boden hineingehen, je tiefer wir unsere Knie, unsere Beine beugen, um so leichter können wir mit Kraft abdrücken, um mit Freude in die Höhe zu kommen. Deswegen ist es wichtig, bevor wir Tänze mit Sprüngen tanzen, auch das Springen an sich zu analysieren und zu üben.

Ein ganz wichtiger Körperbereich beim Tanzen ist der Oberkörper, die Schultern, die Arme, der Hals und der Kopf. Oft assoziieren wir mit Tanzen: Ich muss auf meine Füße Acht geben, muss wissen, wann mein rechter und wann mein linker Fuß dran ist. Das ist sicher nicht falsch, aber alles andere als das Wesentliche. Häufig werden Dutzende von Schrittfolgen mit den Füßen gelernt, und nicht ein einziges Mal werden dabei die Schultern korrigiert. Doch der sprechendste Bereich unseres Körpers, mit welchem wir am meisten ausdrücken, ist der Bereich, der das Herz umgibt: unsere Brust, unsere Schultern, dann die Arme und der Kopf, und auch das Becken. Wir müssen lernen, diese Körperbereiche zu fühlen, wahrzunehmen, wo und in welchem Spannungszustand sie sich gerade befinden.

Dazu ist zum Beispiel die Übung des Stehens in der Haltung der Kreuzesform eine wichtige Hilfe: Wir nehmen nun zusätzlich zu unserer mit dem

Boden verwurzelten und zum Himmel ragenden Achse auch die Durchkreuzungslinie auf der Höhe unserer Schultern – etwas höher als unser Herz – wahr. Beide Linien strömen sich aus in die Länge, die Körperachse nach oben und unten, die Durchkeuzungslinie in die Breite und Weite. In meiner Achse finde ich Stand und die Verbindung zu Gott, meinem Schöpfer, vor dem ich als Mensch aufrecht stehen darf; in der Linie der Horizontalen finde ich, mich in die Weite öffnend, die Verbindung zur Welt und zu den Menschen, meinen Brüdern und Schwestern.
Immer wieder kann ich diese Übung machen, und es ist gut, dabei auch mal zu schauen, ob mein Körpergefühl der Realität entspricht: Ist mein Becken wirklich in der Achse, oder hänge ich im Hohlkreuz? Sind meine Arme wirklich auf Schulterhöhe, oder hängen sie nach unten? Auf diese Weise kann ich mit dem Bewusstsein durch meinen ganzen Körper gehen und ihn dabei kennen lernen.
Das gleiche gilt zum Beispiel für die Armhaltung in der Form der Schale. Hier dürfen die Ellenbogen nicht herunterhängen, etwas, was leicht passiert. Auch ist es wichtig, die Hände bis in die Fingerspitzen hinein zu spüren, damit sie lebendig und mit dem Raum in Kontakt bleiben. Die Linie, die mit den Armen und Händen gezeichnet wird, geht sogar über die Fingerspitzen hinaus, und so kann die Vorstellung der Verlängerung dieser Linie der Haltung eine besondere Ausstrahlung geben. Mit der Zeit werden wir immer leichter in solche Gebärden hineinfinden, und je mehr wir uns in Körperhaltungen einüben, umso tiefer werden sie auf unser Inneres wirken. Auch wird das Empfinden für Spannung und Entspannung geschult. Oft setzen wir viel zu viel Energie und Kraft ein und bewegen unnötig viele Gelenke, um eine Bewegung zu vollziehen. Dann wundern wir uns, warum sie so schwierig ist. Im Einsatz von Spannung wird unsere Spannkraft erhöht, doch wir sollten wissen und spüren, wann Spannung notwendig ist und wann nicht. Um zum Beispiel meine Hand zu heben, kann meine Schulter unten bleiben. Auch hier begegnen wir wieder einem Gleichnis für das Leben, wo wir häufig unnötig viel agieren, statt das wirklich Notwendige zu tun.

Durch das Wiederholen von Leibübungen können wir beginnen, in jeder noch so kleinen Bewegung das Bewusstsein vom *ganzen* Körper zu haben und uns so als ganze Menschen auf den Weg zu machen. Wenn wir die Hände erheben, brauchen wir dabei nicht unsere Füße zu vergessen; wenn wir den Kopf drehen, brauchen wir nicht unbedingt unser Becken zu verlagern usw. Es ist interessant, dass wir mit Vorliebe jene Körperregionen vergessen, die wir während einer bestimmten Bewegung nicht sehen. Dies zeigt uns, wie sehr wir geneigt sind, unseren Körper von außen zu betrachten. Es gibt jedoch auch eine innere Wahrnehmung für den Körper, die uns hilft, beim Tanzen wirklich auch bei uns zu sein.

Das Erlernen von Tänzen

Als Nächstes sei etwas über das *Erlernen von Tänzen,* ihren Schrittfolgen und den von ihnen gezeichneten Raummustern gesagt. Wie bei jeder Leibübung ist es auch hier hilfreich, den gesamten Körper im Bewusstsein zu haben. Mit ihm geben wir uns in bestimmte Schritte, Armbewegungen usw. hinein, die uns vorgegeben werden. Damit erweitern wir unser Bewegungsvokabular, und es ist hilfreich, sich hierbei das *Bild* der Bewegung oder der Haltung vorzustellen. Dies vertieft das Erleben und kann jede Bewegung leichter oder sogar ganz leicht werden lassen. Wenn wir uns zum Beispiel mit erhobenen Armen drehen, dann können wir das Bild der Schale, welches wir in den Raum hineinzeichnen, förmlich sehen und fühlen. Dadurch lassen wir dann nicht so leicht die Arme fallen, sondern wir bewegen uns förmlich in das Bild hinein, werden von ihm getragen und können uns vorstellen, dass wir wie eine Spirale nach oben wachsen. Der Ausdruck der geöffneten Hände, Schultern und Arme wird dann ein ganz anderer sein, als wenn wir einfach nur drehen und, wenn die innere Wachheit und Spannung nachlässt, leicht in uns zusammenfallen.

Genauso können wir uns vorstellen, dass sich unsere Arme wie von selbst, aus dem Atem heraus in eine Haltung heben und wir dann unsere Hände bis in die Fingerspitzen hinein in ihrer Lebendigkeit im Raum spüren und wie sie uns manchmal die Raumrichtung weisen, in die wir gehen möchten. Damit stehen die Bewegungen nicht mehr isoliert nebeneinander, sondern sie werden organisch miteinander verbunden und bekommen einen Fluss.

In Tänzen können wir uns nicht nur als Einzelne, sondern auch als Gemeinschaft in Symbole hineinbegeben, die wir mit unserem Leib und durch die Raumwege zeichnen. Manchmal begeben wir uns auch einfach bewegend in einen Inhalt oder in eine Aussage hinein. Egal, ob wir alle die gleichen Bewegungen ausüben oder jeweils verschiedene, bildet eine tanzende Gruppe immer eine Einheit, entweder im selben Bewegungsfluss, oder in der gegenseitigen Ergänzung der Bewegungsformen, oder auch nur in der gemeinsamen Intention der Aussage oder Verinnerlichung des Inhalts. Wenn dies nicht spürbar ist, zerfällt die Intensität des Tanzes. So muss sowohl das gemeinsame Einschwingen in eine Bewegung wie das Verschiedene oder sogar Kontrastreiche, doch aufeinander Bezogene, eingeübt werden.

In der Gruppe ist damit auch eine ganz neue Form der Wahrnehmung gefordert: Es geht nicht mehr nur um die Bewegung des eigenen Körpers, sondern auch um die Bewegung des gemeinsamen Leibes, der Gruppe. Unser Blick, der während des Tanzens immer auch eine Aussage hat und den Kopf in die Richtung des Schauens mitnehmen sollte, damit wir nicht mit einem steifen Nacken aus den Augenwinkeln schielen, hat nun noch eine zusätzliche Funktion: Ohne dass wir die Richtung des Schauens verändern, sollten wir unser gesamtes Sehfeld wahrnehmen. Hierzu schauen wir zentriert und sehen dezentriert. In unserem Sehfeld befinden sich, zumindest in den meisten Tänzen, die anderen von der Gruppe. So wächst ein Empfinden für den Bewegungsfluss der gesamten Gruppe und auch dafür, inwieweit er schon stimmig ist oder nicht. Auch wächst dann die Sensibilität für die Bewegungsimpulse, die in den Einzelnen da sind,

noch bevor eine Bewegung wirklich ausgeführt wird, da der Körper die Impulse sendet für das, was er vorhat zu tun.
Durch das Einüben von Tänzen können auf diese Weise starke Erfahrungen von Einheit gemacht werden. Wenn wir uns in dieser inneren Einheit befinden, kann das Erleben von Symbolen, die wir tänzerisch ausführen, sehr vertieft werden. Man spürt dann förmlich die Symbolkraft im Raum.
Eine weitere Erfahrung, die man beim Tanzen machen kann, ist die, dass man mit einem Tanz aus sich heraustreten, sich nach außen hin öffnen und anderen etwas mitteilen kann. Diese Erfahrung kann man im Sakralen Tanz vor allem dann machen, wenn man ihn im Gottesdienst für andere tanzt. Solch ein Tanzen hat auch einen Schenk-Charakter: Man verschenkt sich an andere und tanzt dienend, indem man sie in die Harmonie und in die Freude mit hinein nimmt.

Improvisation

Ein weiteres Element des Übens und Lernens ist die Improvisation. Es gibt verschiedene Formen des Improvisierens: freies Tanzen zu einem Musikstück; freies Tanzen zu einem Thema oder zu einem Symbol; freie Bewegungen, die schwerpunktmäßig mit einem Körperteil eingeleitet oder ausgeführt werden; freies Tanzen mit einem Partner, unter anderem ist dabei auch die Kontaktimprovisation* möglich; Improvisation in einer Gruppe, bei der man aufeinander eingeht; Improvisation in der Stille, ohne Musik; Improvisation zu einem Text oder einzelnen Worten; Improvisation in verschiedenen Raumebenen.
Es gibt noch weitere Formen der Improvisation, die möglich sind. Für jede Gruppe, jede Person kann zu dem einen oder anderen Zeitpunkt die eine

* Improvisation, bei welcher der Kontakt der Körper der miteinander tanzenden Personen ein wesentlicher Bestandteil ist und zu jeweils neuen Bewegungsmustern führt.

oder andere Form gut sein. Bereits erworbenes Bewegungsrepertoire kann hilfreich sein, wenn man sich darin nicht festfährt. Jede Improvisation gibt die Chance, aus dem eigenen Bewegungsmuster auszubrechen und Neues auszuprobieren. Das ist manchmal gar nicht so leicht, wenn es jedoch geschieht, schenkt uns dies ein Gefühl von Befreiung und Selbständigkeit, es schenkt ein Bewusstsein über die eigenen Möglichkeiten.

Viele Bewegungs- und Tanzimpulse liegen oft in uns verborgen und werden (in unserer Kultur) meistens unterdrückt. Sie wahrzunehmen und durch den Körper nach außen dringen zu lassen, hilft uns, uns selbst zu entdecken und kennen zu lernen. Sowohl alte Erfahrungen, welche im Gedächtnis des Körpers gespeichert sind, können so zum Ausdruck kommen als auch Wünsche und Sehnsüchte. Indem ich ein bestimmtes Thema improvisiere, ist es auch möglich, neue Erfahrungen zu machen, die mit diesem Thema – zum Beispiel der Freude – etwas zu tun haben. Bei Improvisationen mit einem Partner kann man Erfahrungen machen, die in einem das Gefühl für neue Möglichkeiten des Miteinanders wecken und stärken. Dies kann folgende Fragen betreffen:

- Wieviel Raum und Freiheit können wir uns gegenseitig geben und dabei trotzdem aufeinander bezogen und bis in die Bewegung hinein in Beziehung sein?
- Spüren wir, wann der andere vielleicht äußerlich bei uns, innerlich jedoch nicht mit uns im Kontakt ist?
- Übernehmen wir allzu schnell die Rolle des Gebenden oder des Nehmenden?
- Verunsichern mich Situationen, in denen ich keine vorgegebene Richtung oder keine Orientierung habe?
- Wann bin ich aktiv, wann eher passiv?
- Wie und wann nehme ich Kontakt auf? Begegne ich jedem mit der gleichen Offenheit, oder mache ich Unterschiede?

– Ist mir Nähe unangenehm oder angenehm? Kann ich Nähe aufbauen oder Signale setzen, die meinen Wunsch nach Distanz ausdrücken?
– Sehe ich die Verantwortung vorwiegend bei mir oder beim anderen?

So können häufig Erfahrungen gemacht werden, die einen Einfluss auf unser Leben im Alltag haben.
Auch bei der Improvisation ist das Empfinden für die eigene Mitte sehr wesentlich. Jede Bewegung, die nur in einem Körperteil hängen bleibt, isoliert diesen Körperteil vom Ganzen. Dies kann in bestimmten Fällen bewusst ausprobiert und eingeübt werden, doch im Normalfall geht es um einen organischen Bewegungsfluss und um den Ausdruck einer Emotion, was immer von der eigenen Mitte ausgeht.

Wenn zum Beispiel das Thema Trauer improvisiert wird, dann sollte uns bewusst sein, dass die Trauer selbst auch in unserer Mitte sitzt und dass sich der entsprechende Ausdruck aus dieser Mitte heraus in den Körper hinein ausbreitet: Es krümmt sich der Rücken, es neigt sich der Kopf, es werden eventuell die Arme um den Körper verschlungen, wir gehen leicht oder stärker in die Knie, das Gewicht auf den Fußsohlen wird schwer, während uns der Boden trotz aller Schwere trägt.
Wenn wir uns wieder aufrichten, geschieht auch dies aus der Mitte heraus: Die Kraft strömt nach oben und nach unten, der Rücken wird lang, die Schultern öffnen sich, die Beine drücken gegen den Boden ab, der Atem wird frei.
Mit der Zeit beginne ich zu spüren, ob „mich meine Mitte tanzt", oder ob ich vom Kopf aus tanze. Wenn ich aus der Mitte heraus tanze, die dort in Schwingung geratenden Bewegungsimpulse wahrnehme und sie in den Leib hineinfließen lasse, werde ich getanzt. Ich gebe mich hin an einen frei entstehenden Bewegungsfluss und werde hineingezogen in eine Erfahrung von Lebendigkeit. „Ziehen" kommt auch der Urbedeutung des Wortes „Tanz" sehr nahe. Bei diesem sich Hingeben und Gezogenwerden tritt der Mensch jedoch auch aus sich selbst heraus. Er vergisst sich, lässt bis zu einem gewissen Grad die eigene Kontrolle los, wobei er sich trotzdem jederzeit frei dafür oder dagegen entscheiden kann. In diesem Zustand ist es möglich, Beziehung mit Gott aufzunehmen. Dabei bekommen die Bewegungen meistens nochmal einen anderen Charakter. Durch das weitere sich Hingeben an den so entstehenden Bewegungsfluss kann der Mensch sich sozusagen tanzend in das Leben Gottes – der in seiner dreifaltigen Liebe selbst zutiefst Bewegung und der Ursprung aller Bewegung ist – hineinbegeben und hineingezogen werden. Indem er sich ergreifen lässt, begreift er, indem er wahrnimmt, antwortet er, und es werden seine Bewegungen und Gebärden zu einem Dialog, zu einem Gebet.

Kreativität im Tanz

Zuletzt sei noch auf die Kreativität im Tanz eingegangen, die viel mit dem Ausdruck des Körpers und der bewussten Gestaltung von Bewegungsfolgen zu tun hat.

Die Kreativität schöpft aus allen drei anderen Bereichen: aus den Leibübungen, das heißt aus dem, was sich mein Körper bereits als Bewegungspotential erarbeitet hat; aus dem Repertoire an Schritten und Choreografien, die ich bereits gelernt habe, und letztlich aus dem Bereich der Improvisation, aus dem eigenen tiefen Wissen um Bewegungsimpulse, die in einen organischen Bewegungsfluss führen, und den Ausdruck einer Emotion im Körper. Während jedoch bei einer Improvisation vieles intuitiv abläuft, muss ich mir bei einem choreografierenden Gestaltungsprozess bewusst werden, warum ich eine Bewegung so oder anders ausführe. Wenn ich zum Beispiel während einer freudigen Improvisation die Arme öffne, folge ich meistens intuitiv dem „Tempo meiner Freude", das heißt: Die Emotion drückt sich im Körper auf eine Weise aus, die mit der Realität meines Zustandes mehr oder weniger übereinstimmt.

Während eines gestalterischen Prozesses geschieht es jedoch leicht, dass man auf eine Ebene rutscht, die Ähnlichkeiten mit der Ebene einer Zeichensprache hat. Man übersetzt: Freude = Öffnen der Arme. Dies geschieht dann manchmal sehr schnell, die Bewegung ist fertig, und die Emotion nicht mehr spürbar.

Nun kann man versuchen, die intuitive Bewegung einer Improvisation bewusst zu analysieren, und entdeckt dabei die eigentliche Dynamik der Bewegung. Das Einsteigen in diese Bewegungsdynamik weckt wieder die Emotion, so wie auch das innere Eintauchen in eine Emotion die eigentliche und entsprechende Bewegungsdynamik aus dem Körper hervorlockt. So kann es wichtig sein, beim Gestalten einer kleineren oder größeren Choreografie die Echtheit der Dynamik, welche dem Ausdruck einer Emotion entsprechen soll, mit der Klarheit einer Form zu verbinden, damit die Schauenden verstehen, was gemeint ist. Dies erhöht auch die

Qualität der Ausführung dieser Bewegung gegenüber derjenigen einer Improvisation, da nun an der Bewegung meist noch viel gefeilt und gearbeitet wird.
Gleichzeitig hat im Tanzen auch ein gewisser Bewegungsfluss seine Bedeutung. Wenn man zum Beispiel einfach Symbole oder Zeichen aneinander reiht, ergibt dies noch keinen Bewegungsfluss. Es kann dann manchmal notwendig werden, auf eine Gebärde, ein Symbol, eine Bewegung zu verzichten, die zwar eine Aussage übersetzen soll, die aber die Dynamik und den Bewegungsfluss stört, der der inneren Emotion entspricht. Genau dies hilft uns, während des gestalterischen Tuns auch auf der Ebene des Empfindens und des Fühlens zu sein und nicht nur auf derjenigen des Denkens. Die Ebenen der Intuition und des bewussten Strukturierens müssen hier eng zusammenarbeiten. Einige Punkte, die es dabei zu beachten gilt, sind:

- Wenn eine Gruppe gemeinsam an einem Tanz gestalterisch tätig wird, passiert es leicht, dass wie in Reigentänzen alle die gleichen Bewegungen ausführen. Dies ist jedoch absolut nicht notwendig, vielmehr kann eine Aussage unter Umständen deutlicher und der Tanz lebendiger sein, wenn sich die Tanzenden in verschiedene Gruppen teilen und jeweils verschiedene Bewegungen ausführen.

- Auch das Innehalten in einer bestimmten Haltung bedeutet keinen „Stopp" der Bewegung, schon gar nicht ein Aufhören oder Schwächerwerden des Ausdrucks. Jede Haltung oder Pose hat in sich eine eigene Art von Dynamik, von innerer Bewegung, die auch für die Schauenden spürbar sein sollte. Wenn jemand zum Beispiel seine Hände nach oben erhebt und in dieser Haltung kurz verharrt, dann bedeutet dieses Verharren im Normalfall eine Verstärkung der Aussage des sich Hinwendens nach oben, das heißt: Die Haltung bleibt lebendig, indem ich die Ausrichtung nach oben bis in den Körper hinein spüre – es bleibt eine leichte, nicht endenwollende Bewegung nach oben.

So ist es wichtig, sich beim Choreografieren gut zu überlegen, wann eine Bewegung in einer Pose verharren soll oder wann nicht.

- Beim Tanzen ist das Gesicht ein wesentlicher Teil unseres Körpers, das ganz besonders ausdrucksstark ist, weil es sehr durchlässig für den Zustand unserer Seele ist. Oft vergessen wir vor lauter Konzentration die eigentliche Intention des Tanzes, bemerkbar am Ausdruck des Gesichtes und der Richtung unseres Blickes. Dieser fällt nach unten auf den Boden, und es entsteht dabei eine Wand zwischen der/dem Tanzenden und den anderen. Gerade im gestalterischen Tun ist es jedoch erforderlich, auch unseren Kopf, unser Gesicht, unsere Augen mit einzubeziehen. Der Tanz wird dadurch lebendig, er schafft mehr Beziehung, und wir erfahren damit auch wesentlich mehr Freude.

- Die Musik ist beim Tanzen unser Partner. Wenn wir über die Musik hinwegchoreografieren, entsteht zwischen ihr und dem Tanz keine Einheit oder Beziehung. Dies bedeutet nicht einmal, dass man dabei gegen den Takt oder den Rhythmus eines Gesanges angehen muss. Doch jede Musik hat auch einen gewissen Charakter. Dies engt uns in den Möglichkeiten der Bewegungen weniger ein als wir es oft meinen. Doch der Charakter der Bewegung sollte sich an den Charakter der Musik sozusagen anschmiegen. Beide ergänzen sich zu einem Ganzen.

Wenn ein getanztes Lied, ein getanztes Gebet oder ein anderes Stück entstanden ist und man längere Zeit daran gefeilt und immer wieder nach entsprechenden Bewegungen gesucht hat, dann kann die gestaltete Form nun sowohl zurück nach innen wirken, wie sie auch sich anderen mitteilend nach außen hin etwas aussagen kann.
Da die tanzenden Personen am Prozess des Gestaltens und Choreografierens beteiligt gewesen sind, ist die Intensität des Erlebens in der Ausführung für die Beteiligten meistens sehr intensiv. Sie haben sich mit den einzelnen Bewegungen auseinander gesetzt, versucht nach-zuempfin-

den, warum eine Gebärde vielleicht eher so oder anders ausgeführt werden kann, und stehen nun hinter den Bewegungen, für die sie sich selbst entschieden haben. Dies kann den Tanz auch für Schauende überzeugender wirken lassen.

Dankesworte

Mein ganz besonderer Dank gilt Familie Dietenmeier, die mir bei der Arbeit an diesem Buch sehr viel geholfen und mich während des Schreibens an diesem Buch immer wieder in ihrem Haus beherbergt hat. Er gilt Ortrud Dietenmeier, die einige Seiten dieses Buches redigiert hat, und Anton Dietenmeier, der mir bei meiner Arbeit am Computer korrigierend und helfend beigestanden ist. Und er gilt ganz besonders Marc Dietenmeier, der mit viel Engagement und Einfühlungsvermögen die Bilder dieses Buches fotografiert und an ihrer Entwicklung gearbeitet hat.

Weiter gilt mein besonderer Dank Hildegunde Wöller, die als Lektorin des Kreuz Verlages mir während der Entstehung der Texte ermutigend zur Seite gestanden ist.
Auch möchte ich allen danken, die die geschriebenen Texte nochmals durchlasen und mir ihre Rückmeldungen gaben: Susanne Klug, Barbara Lins, Marlies Reuchlin und Angela Stettin.
Ganz besonders möchte ich auch allen danken, die sich in meinen Kursen oder bei Proben auf das Tanzen und Ausdrücken religiöser Inhalte eingelassen haben. Vor allem ihnen wünsche ich viel Freude beim Lesen und beim Schauen der Bilder.

Nicht zuletzt möchte ich Gott, meinem Schöpfer danken, der mir die Kraft für diese Arbeit und die Gabe zu tanzen geschenkt hat.

Die Deutsche Bibliothek – CIP-Einheitsaufnahme

Das getanzte Gebet : Wege des meditativen, liturgischen und sakralen Ausdrucks / M. Sara Schemann. Mit Fotogr. von Marc Dietenmeier. - Stuttgart : Kreuz, 1999.
ISBN 3-7831-1738-0

1 2 3 4 5 03 02 01 00 99

Ein Unternehmen der Dornier Medienholding GmbH
Postfach 80 06 69, 70506 Stuttgart, Tel. (07 11) 78 80 30
Umschlaggestaltung: Jürgen Reichert, Stuttgart
Umschlagbild: Marc Dietenmeier
Gesamtherstellung: Bosch-Druck, Ergolding
Die Schreibweise entspricht den Regeln der neuen Rechtschreibung
ISBN 3 7831 1738 0